Inhalt

Bedrohen europäische Staatsschulden die Altersvorsorge der Deutschen?

Kernthesen

Beitrag

Fallbeispiele

Weiterführende Literatur

Impressum

Bedrohen europäische Staatsschulden die Altersvorsorge der Deutschen?

G. Dengl

Kernthesen

- Die Anbieter von Altersvorsorgeprodukten, in erster Linie Lebensversicherungen und Pensionskassen, haben die Aufgabe, sichere Renditen zu erwirtschaften. Der Grund: Sie müssen ihren Kunden eine bestimmte Mindestverzinsung garantieren.
- Sie dürfen daher nur in absolut sichere Anlagen investieren. Bisher waren dies vor allem Staatsanleihen, aber im Hinblick auf die Euro-Krise und die steigende

Staatsverschuldung gilt dies nicht mehr unverändert.
- Die Rendite von Vorsorgeprodukten ist ohnehin schon stark gesunken. Nun wird es aber für die Versicherer immer mehr zur Herausforderung, bereits die Garantieverzinsung zu erwirtschaften. Am Ende könnten die Sparer das Nachsehen haben.

Beitrag

Nun könnten europäische Staatsschulden gerade diese Säule der Altersversorgung stark gefährden. Lebensversicherer und Pensionskassen erwirtschaften die Rendite, die sie ihren Kunden versprechen, auf dem Geld- und Kapitalmarkt. Da sie einen besonderen Versorgungsauftrag haben, sind sie gesetzeshalber stark limitiert, was die Wahl der Anlageklassen angeht. Sie dürfen, vereinfacht gesprochen, nur in sichere Anlagen investieren. Das aber ist derzeit leichter gesagt als getan. Bisher galten beispielsweise Staatsanleihen als langweilig, aber gleichzeitig als nahezu ausfallsicher. Daher waren sie eine begehrte Anlageform für diesen Investorenkreis.

Staatsanleihen zählen zu den

wenigen erlaubten Anlageformen

Lebensversicherer halten Staatsanleihen zum einen direkt, zum anderen indirekt - vor allem über Pfandbriefe und Fonds. Bei der betrieblichen Altersvorsorge, die von Pensionskassen verwaltet wird, ist der Anteil an Staatspapieren bei den größten Pensionskassen ähnlich hoch wie bei Lebensversicherungen. Europäische und vor allem deutsche Staatsanleihen galten über Jahrzehnte als ausfallsicher und brachten eine genau kalkulierbare Rendite. Versicherer und Pensionsfonds konnten dort beliebig viel Geld investieren - anders als in Aktien, deren Wert stärker schwankt.

Von der Griechenland-Krise profitierten deutsche Staatsanleihen, da sie als besonders sicher galten. Die Kurse stiegen, aber - wie bei Anleihen üblich - die Rendite fiel. Das beinahe grenzenlose Vertrauen in Deutschland erlaubte es, weiter Schulden zu machen oder Garantien abzugeben (z. B. für heimische Banken oder für den Rettungsschirm der EU und des IWF). (3)

Euro-Krise belastet Staatsanleihen

Doch gerade dieses Vertrauen könnte sich nun erschöpft haben. Seit bekannt wurde, dass auch

Irland mit deutschem Geld gestützt werden muss, ist die Nachfrage nach deutschen Staatsanleihen signifikant zurückgegangen. Die Investoren werden misstrauisch. Wird der Atem der Deutschen wirklich lang genug sein, um Irland und danach noch möglichweise andere Euro-Länder zu retten? Die Angst geht um, dass die Eurozone zu einer Transferunion werden könnte. Die wirtschaftlich starken Länder wie z. B. Deutschland, Frankreich, die Niederlande oder Österreich müssten dann über kurz oder lang die wirtschaftlich schwächeren Länder mittragen. Diese Furcht würden sich potenzielle Investoren bezahlen lassen: Deutschland müsste eine deutlich höhere Rendite für die eigenen Anleihen bieten; die Kosten für die Schulden würden steigen. (5)

Zinsanstieg wirkt sich negativ auf Versicherte aus

Sollten die Zinsen für Anleihen tatsächlich innerhalb eines kurzen Zeitraumes stark schwanken, wären die Versicherungen gezwungen, diese Papiere zu verkaufen, da starke Rendite- oder Kursschwankungen ein Anzeichen für ein hohes Risiko sind - und hohe Risiken dürfen sie laut Gesetz nicht eingehen. Die so entstandenen Verluste würden sich bei den Versicherten in geringeren bis ausbleibenden Überschussbeteiligungen bemerkbar machen. (6)

Nächste Gefahr: Inflation

Die größere Gefahr für Versicherungen und Pensionskassen besteht allerdings nicht in einer geringeren Rendite aus den Staatspapieren, sondern aus einer drohenden Inflation. Eine Inflation begünstigt stets den Schuldner und benachteiligt den Gläubiger - in diesem Fall die Investoren.

Wenngleich die Europäische Zentralbank (EZB) bisher an der Vorhersage festhält, dass es keine nennenswerte Inflation geben wird, ist kaum vorstellbar, wie die aktuelle Krise des Euro ohne Inflation gelöst werden soll. Spätestens ab dem Zeitpunkt, zu dem die EZB Staatsanleihen von Euro-Ländern ankauft, um diese zu stützen, ergibt sich praktisch eine Inflation, da im übertragenen Sinne Geld gedruckt wird. Die Verlierer wären am Ende die Kunden von Lebensversicherungen oder Pensionskassen. Der Grund. Die Auszahlungen, die sie erhalten würden, stimmen zwar nominell mit den Verträgen überein, aber das Geld hätte zum Auszahlungszeitpunkt eine deutlich geringere Kaufkraft. (3)

Trends

Garantiezins für Lebensversicherungen soll gesenkt werden

Angesichts der Frage, ob die Lebensversicherer aufgrund der absehbaren Schwierigkeiten auch in Zukunft noch eine attraktive Verzinsung für ihre Produkte bieten können, wird nun diskutiert, die Garantieverzinsung bereits ab Mitte 2011 von aktuell 2,25 Prozent auf 1,75 Prozent zu senken. Den Versicherungen passt das gar nicht, denn sie fürchten, dass damit das einstige Zugpferd Lebensversicherung an Attraktivität einbüßt. (1)

Die starke Gegenwehr der Branche wirkt jedoch ein wenig irrational, scheint es doch, dass das Bundesfinanzministerium mit der Absenkung des Garantiezinses eine Erleichterung einführen will, um die aktuelle Anspannung zu lösen. Schließlich bleibt es jeder Versicherung selbst überlassen, mehr als die Garantieverzinsung zu bieten.

Kompensationsstrategie - in lange

Laufzeiten investieren

Da Versicherungen und Pensionskassen nicht in dem Maße spekulieren dürfen wie andere institutionelle Anleger, gibt es für sie oft keine andere Möglichkeit, als Phasen mit geringer Rendite einfach auszusitzen. Dies gelingt nur, indem sie in Papiere mit besonders langen Laufzeiten investieren. Diese erwirtschaften in der aktuellen Niedrigzinsphase zwar noch genug, um die garantierte Mindestverzinsung abzudecken, dafür aber sind die Versicherungen an den alten Zins noch über Jahre hinaus gebunden, selbst wenn die Zinsen schon längst wieder angezogen haben. (4)

Fallbeispiele

Allianz sieht gerade in Staatsanleihen eine Chance

Die Allianz hält die aktuellen Maßnahmen zur Stabilisierung der Währung und der Euro-Randstaaten für gelungen. Die nach wie vor bestehende Sorge der Investoren führt zu hohen Renditen von Staatsanleihen aus genau diesen Ländern. Um von dieser Situation zu profitieren, will die Allianz auch weiterhin in Staatsanleihen gerade auch von Euro-Ländern investieren. (2)

Die Sparer reagieren: Jeder fünfte deutsche Arbeitnehmer hat sich bereits aus der Vorsorge verabschiedet

Verschiedene Studien belegen, dass sich gerade die attraktivste Zielgruppe für die Altersvorsorge, die jungen Berufstätigen, zunehmend von den Angeboten der Versicherer und Pensionskassen abwendet. Neben der üblichen Skepsis gegenüber Vorsorgeprodukten kommt nun aktuell die Verunsicherung durch Euro-Krise und Staatsverschuldung hinzu. (8)

Weiterführende Literatur

(1) Assekuranz läuft Sturm gegen Garantiezins-Pläne Branche bangt um Absatz von Lebensversicherungen aus Börsen-Zeitung, 23.12.2010, Nummer 248, Seite 1

(2) "Wir werden im Jahr 2011 Staatsanleihen kaufen" aus Frankfurter Allgemeine Zeitung, 22.12.2010, Nr. 298, S. 15

(3) Dem Rettungsschwimmer geht die Kraft aus aus WirtschaftsWoche NR. 049 VOM 06.12.2010 SEITE

098

(4) "Viele versuchen das Problem auszusitzen"
Fallende Renditen stellen Lebensversicherungen und Pensionsfonds vor große Herausforderungen
aus Börsen-Zeitung, 26.11.2010, Nummer 229, Seite 17

(5) Zwangsanleihen
aus WirtschaftsWoche NR. 045 VOM 08.11.2010 SEITE 160

(6) Schuldners Freud ist Sparers Leid Niedrige Zinsen sollen den Konsum befeuern. Wer fürs Alter vorsorgt, muss aber mehr Geld abknapsen als früher - das schränkt ein
aus Financial Times Deutschland vom 29.10.2010, Seite 24

(7) Schockstarre bei Altersvorsorge
aus Börsen-Zeitung, 07.10.2010, Nummer 193, Seite 1

(8) Staatsverschuldung verängstigt Sparer Jeder fünfte deutsche Arbeitnehmer hat bereits Vorsorge gekappt - Bundesregierung soll helfen
aus Börsen-Zeitung, 07.10.2010, Nummer 193, Seite 5

Impressum

Bedrohen europäische Staatsschulden die Altersvorsorge der Deutschen?

Bibliografische Information der deutschen Nationalbibliothek

Die Deutsche Nationalbibliothek verzeichnet diese Publikation in der deutschen Nationalbibliografie; detaillierte bibliografische Daten sind im Internet über http://dnb.d-nb.de abrufbar.

ISBN: 978-3-7379-0505-3

© 2015 GBI-Genios Deutsche Wirtschaftsdatenbank GmbH, Freischützstraße 96, 81927 München, www.genios.de

Alle Rechte vorbehalten. Dieses Werk ist einschließlich aller seiner Teile – z.B. Texte, Tabellen und Grafiken - urheberrechtlich geschützt. Jede Verwertung außerhalb der Grenzen des Urheberrechtsgesetzes bedarf der vorherigen Zustimmung des Verlags. Dies gilt insbesondere auch für auszugsweise Nachdrucke, fotomechanische

Vervielfältigungen (Fotokopie/Mikroskopie), Übersetzungen, Auswertungen durch Datenbanken oder ähnliche Einrichtungen und die Einspeicherung und Verarbeitung in elektronischen Systemen.